GILVANIZE BALBINO

A verdade
está em você!

*Conheça-se bem e desfrute
de uma vida mais feliz*

© 2016 por Gilvanize Balbino
© iStock.com/Yuri

Coordenadora editorial: Tânia Lins
Coordenador de comunicação: Marcio Lipari
Capa e projeto gráfico: Jaqueline Kir
Diagramação: Rafael Rojas
Preparação: Janaina Calaça
Revisão: Equipe Vida & Consciência

1ª edição — 2ª impressão
2.000 exemplares — outubro 2016
Tiragem total: 3.500 exemplares

**CIP-BRASIL — CATALOGAÇÃO NA PUBLICAÇÃO
(SINDICATO NACIONAL DOS EDITORES DE LIVROS, RJ)**

B145v

    Balbino, Gilvanize
    A verdade está em você / Gilvanize Balbino. - 1. ed. - São Paulo : Vida e Consciência, 2016.

    ISBN 978-85-7722-463-0

    1. Bem-estar. 2. Qualidade de vida. 3. Perdão - Meditações. 4. Caridade. I. Título.

16-30492   CDD: 234.5
                                 CDU: 27-185.36

Todos os direitos reservados. Nenhuma parte desta edição pode ser utilizada ou reproduzida, por qualquer forma ou meio, seja ele mecânico ou eletrônico, fotocópia, gravação etc., tampouco apropriada ou estocada em sistema de banco de dados, sem a expressa autorização da editora (Lei nº 5.988, de 14/12/1973).

Este livro adota as regras do novo acordo ortográfico (2009).

Vida & Consciência Editora, Gráfica e Distribuidora Ltda.
Rua Agostinho Gomes, 2.312 — São Paulo — SP — Brasil
CEP 04206-001
editora@vidaeconsciencia.com.br
grafica@vidaeconsciencia.com.br
www.vidaeconsciencia.com.br

GILVANIZE BALBINO

A verdade
está em você!

*Conheça-se bem e desfrute
de uma vida mais feliz*

Sumário

Pelo espírito Ferdinando 8
Breve relato 9
Minhas reflexões 12
Ave Pedro 14
Melhores que ontem 16
Travessia da vida 18
Coragem 20
Seguimento do dia 22
Conquista pessoal 24
Lida e Doma 26
Experiência 28
Espírita cristão 30
Servidores divinos 32
Aprendendo 34
Tarefas mínimas 35
Esperar 37
Fazer-se luz 39
Calma 41
Renascer 43
Negação e atitude 45

Amor 47
Conflitos 48
No curso das lágrimas 50
Trabalho e espiritismo 52
Procurar 54

Pelo espírito Marcos 55

Oferecer 57
Sentir 58
Convivência 60
Consciência 62
No início do trabalho mediúnico 64
A caminho da ascensão espiritual ... 66
Em qualquer situação 68
Luta interior 69
Medianeiro do bem 71
Amigos de Jesus 73
Buscar 75
Preocupações 77
Casamento 79
Ouvintes praticantes 81
Partir 82
Testemunhos de fé 85
Adequando-se 87
Filhos do desespero 90
Em nós mesmos 92
Aprimorando 93
Comportamento 95
No domínio da súplica 97

Pelo espírito Raquel 99
   Seguir 101
   Pensar 103
   Esperança e recomeço 105
   Separação 107
   Disciplina 109
   Sombras e luzes 111
   Jesus convoca trabalhadores 113
   Regresso 115
   Só um pouquinho 117
   Oferecer o coração 119
   Pais e filhos 121
   Aborto 123
   Recado para as mães 126
   Mulher 128
   Fazendo frio 131
   Orquestra celeste 133
   Crítica e o crítico 135
   Ocultar 138
   Você e nós 140
   Trocadilhos de amor 142
   Almas necessitadas 143
   Mensagem de natal 144

Minhas reflexões 147
   O evangelho no lar 148
   Sugestões 149
   Roteiro 150

**Pelo espírito
Ferdinando**

Breve relato

Leitor amigo, neste volume simples e despretensioso, está impresso o resultado do esforço digno de amigos fiéis, que a Providência Divina selecionou para que pudéssemos compartilhar das alegrias deste trabalho edificante. Cada espírito manifesta-se objetivando contribuir no campo do esclarecimento espiritual, embasado no cristianismo redivivo por meio da obra kardecista de amor, esperança, compreensão, trabalho e renovação.

O Senhor Nosso nos proporcionou a oportunidade de participarmos da grande orquestra universal da existência, na qual cada filho Seu é semelhante a um instrumento musical de forma e afinação próprias, regido pelo Maestro das Almas: Deus.

Para não desfalecermos nos vales sombrios e inertes do egoísmo vaidoso, é importante estimularmos um raciocínio de luz, para que a agonia não se apodere de nossa alma e os conflitos não dizimem nossa libertação para um mundo novo e renovado, sem esperarmos que o mundo faça luz em nós, mas que façamos luz para o mundo.

A cada manhã, as notas da partitura de nossas experiências vão assinalando nossa regeneração pessoal, para herdarmos o tom harmônico da razão em sabedoria celeste, do sentimento do amor sem apego e da emoção com equilíbrio e livre das paixões aniquilantes.

Para que possamos emitir as notas divinas e puras de nossos corações, é importante aprendermos a reconhecer a vida como escola de afinação para nossos espíritos desajustados e aquebrantados.

Na travessia terrestre, para que possamos, com a acústica d'alma aberta, acreditar e trabalhar em nossa própria evolução, é necessário envolvermo-nos nas tarefas edificantes e disciplinadoras de aperfeiçoamento moral e unirmos as responsabilidades das lutas intransferíveis e das provas individuais à essência da renovação de nossos corações.

Não trazemos neste livro lições que não experimentamos ou aquelas que deixamos retidas no tempo e esquecidas nas teorias filosóficas, tampouco certa pretensão de ditar-lhes regras de conduta, a fim de compormos uma sinfonia complexa para ser ouvida, mas não compreendida.

Extraímos da simplicidade apostólica de Jesus a maestria da verdade, acreditando que o amor reside em todos os corações, que a esperança é um cântaro de paz e que a fé servindo é como Cânticos de Luz sublimes, emitidos dos céus.

São Paulo, 19 de janeiro de 1995.

Minhas reflexões

Caro leitor, o espaço "Minhas reflexões" foi criado para que você possa registrar suas conclusões após a leitura das mensagens reunidas neste livro sobre temas da atualidade. Aproveite e identifique os pontos de melhoria pessoal ou aqueles que tocaram seu coração e que poderão contribuir para sua reforma íntima.

Um abraço.

Gilvanize

Todo aquele que deseja ver sua obra sair do campo dos sonhos para o campo da realização, deverá disciplinar-se, fortificar-se na fé e perseverar no amor a Deus.

Ferdinando

Eu nunca te deixarei, jamais te abandonarei.

(Hb, 13:5[1])

[...] entende-se como fé a confiança que se tem na realização de uma coisa, a certeza de atingir determinado fim. Ela dá uma espécie de lucidez que permite que se veja, em pensamento, a meta que se quer alcançar e os meios de chegar lá, de sorte que aquele que a possui caminha, por assim dizer, com absoluta segurança.

(ESE[2], Cap. XIX, item 3)

---

1 - Nota da Médium: Todos os textos bíblicos foram extraídos da versão de *A Bíblia de Jerusalém*. Nova edição revista e ampliada. São Paulo : Paulus, 2002. As abreviaturas utilizadas nas citações bíblicas seguem as propostas na mesma obra.

2 - Nota da Médium: Esse corresponde à abreviação de *O Evangelho Segundo o Espiritismo*, de Allan Kardec.

Ave Pedro

No homem simples e apóstolo chamado Simão, Jesus fixou:

A rocha no batismo com o nome de Pedro e sobre ela seu templo cristão no mundo;

A paciência em seu apostolado e a propagação de seu Evangelho;

O perdão na hora da negação e a efetiva constituição de um servidor fiel, sincero e verdadeiro;

A prova na administração da "Casa do Caminho" e a profunda e legítima convicção da força do bem que Deus exerce sobre a Terra;

A humildade pura e o poder para dissolver a perversidade externa da calúnia ou dos verdugos assemelhados a lobos, que se esquecem do significado do amor;

A paz e a caridade para servir, amando os necessitados e doentes, golpeados pelo martírio extremo;

Os preceitos da verdadeira luz divina e a fé perseverante pelo triunfo do cristianismo livre, ante os rudimentos do mundo antigo dos Césares, dos rabinos, das sinagogas, dos filósofos medievais e dos senhores inquisitoriais das Leis de Deus. E, na atualidade, a bênção pela claridade do Consolador Prometido: o espiritismo cristão;

O otimismo perante as ciladas naturais do caminho, sem encarcerar o coração em reservatórios angustiados de lamentações ou nutrir ira contra aqueles que ainda permanecem estagnados ante a passagem do Mestre Jesus pela Terra;

A capacidade para suportar a blasfêmia, a ira do povo e dos senhores, ampliando a execução das Leis de Deus às estradas ilimitadas da oração silenciosa;

O estreitar dos laços afetivos apostólicos e da humanidade até as dimensões de Deus.

Ave Pedro, nós, filhos do calvário, em uma única voz lhe saudamos, em nome do Grande Imperador dos mundos e "Conhecedor dos Corações": Deus, porque o "Governante das almas", Jesus, abençoa-lhe como amigo e filho de Deus.

Melhores que ontem

Senhor, estenda, mais uma vez, suas mãos iluminadas para que possamos sentir o alívio de sua bênção;

Mostre-nos a maneira de aproveitarmos nossas existências, corrigindo nossos erros e aprendendo pacientemente a construir um reino de amor e paz;

Chegue até nós, mas ajude-nos a não impedir sua chegada com inseguranças, insatisfações ou lamentações, que possam destruir nosso reencontro cristão com a luz de Deus, que sustenta nossas vidas;

Integre-nos às equipes divinas, sem que adotemos hábitos externos, que alimentem o convencionalismo terreno ou os benefícios próprios em templos materiais;

Firme-nos na fé, sem que carreguemos parcialidades, valorizando e ampliando os conceitos divinos em nossas mentes e em nossos corações;

Alarga-nos os reservatórios de amor puro de nossos corações, para percebermos a feliz oportunidade de auxiliar o próximo sem acomodarmo-nos a situações que nos favoreçam.

Conhecedor de todas as nossas deficiências e falhas, Senhor, Lhe suplicamos que nos ampare e nos dê forças, para que possamos vencer a difícil tarefa da renovação.

Conceituados na verdadeira reforma íntima, confirmaremos seguramente em oração:

— Senhor, hoje somos melhores que ontem, porque permanecemos Consigo.

Travessia da vida

No santuário da vida, é importante não atravessá-lo sem servir feliz à obra de Deus, então:
Abandone o vazio da solidão depressiva e abrace o mundo, no fulgor de sua existência renovada;
Esqueça a dor, o abandono e a crítica de ontem;
Mentalize, sem desânimo, a beleza da transformação, que se reinicia novamente em seu coração, e evidencie por meio de atitudes o perdão em silêncio;
Olvide os obstáculos, que o fizeram sucumbir aos cipoais efêmeros das tristezas — causados pelas más escolhas —, abrindo a acústica d'alma, erguendo-se feliz, pronto a recomeçar, e avançando para frente, firme e amadurecido;

Apague a amargura do coração, recebendo o carinho paciente de Jesus, que lhe testemunha em sonhos o seu próprio amor; Reerga-se estimulado para seguir a estrada bendita da experiência terrena, aperfeiçoando-se na realização das obrigações, demonstrando a todas as criaturas a alegria de saber viver em Cristo, sem furtar-se da luz de Deus na reorganização da vida e sem ser um redivivo morto, mas um filho de Deus.

Coragem

Aflitivo é o olhar daqueles que perderam a coragem para enfrentar os obstáculos da vida e que se encontram irritadiços, magoados e encarcerados no próprio mundo íntimo, sem sequer aproveitar o recurso que enobrece as mãos: o trabalho.

Para revelarmos nossos próprios valores, não basta fugirmos dos compromissos da vida ou ocultarmo-nos da humanidade nas sombras insípidas. É necessário que brilhemos sem limitar o amor aos reservatórios dos lábios.

Contemos com o apoio Divino, que nos auxilia, sem desânimo, a encontrar a melhor maneira de construirmos o destino, sustentando-nos na fé racional, em nome do cristianismo sábio, sentido e vivo em nós.

Utilizemos a prece como meio para chegarmos a Deus e o louvemos quando Ele sabiamente nos responder "Não". Porque a melhor forma de nos levantarmos novamente é por meio do cultivo da paciência, para que possamos, assim, vencer com humildade os vínculos das tormentas momentâneas quando formos atravessá-las.

Carreguemos para sempre a esperança e a perseverança para servirmos em nome de Jesus, não mais como espíritos errantes, mas como espíritos corajosos e combatentes das sombras, em favor do reino de luz, justiça e sabedoria de Deus.

Seguimento do dia

Entregue-se humildemente a Jesus. Em qualquer situação, ore e siga aprendendo a esperar o auxílio do tempo.
Corrija com paciência os erros sistemáticos do dia a dia.
Não se flagele ante o vício de ontem. Lute e relembre as Leis de Deus o quanto antes.
Receba a ofensa sem considerar-se injustiçado, desculpando o outro sempre.
Esqueça os louros do mundo e curve a cabeça para receber as bênçãos celestes.
Não aponte o escárnio alheio como senhor da verdade. Mostre, por meio do exemplo, que hoje é hora de recomeçar.
Não esmoreça diante do trabalho no *bem*. Elevação requer perseverança, e perseverança requer instrução.
Não alimente a solidão. Abra as portas do seu coração e deixe que a luz se faça.

Avance confiante para Deus, corrija-se nas pequenas atitudes e procure sempre o melhor, convicto de que, sem boa vontade e esforço, não haverá elevação.

Reserve-se a servir feliz hoje, para amanhã não se lamentar pela oportunidade perdida.

Saúde a luta e o trabalho com bênçãos de amor e esperança, como sincero trabalhador do bem, que exemplifica e não fala em vão.

Conquista pessoal

Não inveje o trabalho dos outros. Faça o que sabe, da melhor maneira possível, com a consciência tranquila e sem ter do que se envergonhar.

Não queira a felicidade dos outros para si. Você pode lutar não só por pequenos momentos alegres, mas também pela felicidade universal.

Não queira conquistar o que não lhe pertence. Cada um possui, impreterivelmente, aquilo de que necessita para evoluir: a riqueza ou a privação.

Não atormente sua mente querendo possuir a vinha dos outros. Você pode cultivar a sua com paciência e amor.

Não cobice a beleza alheia. Cada um possui um manancial de virtudes belas, esperando a oportunidade para desabrochar.

Não almeje vida fácil. Para alcançar o cimo da montanha, onde há luz, cada um tem que se submeter às asperezas sombrias do caminho. Não queira chegar às universidades do mundo, sem passar pelas escolas primárias. No ciclo da vida, se você não desanimar, cada coisa chegará a seu tempo. Não queira ensinar o que não sabe. Todo mestre, um dia, foi um aprendiz. Não julgue as atitudes erradas ou as maldades alheias. Todo estado calcado no erro é temporário, pois Deus continua sendo verdade, bondade e sabedoria. Não crie densidade aflitiva no coração por sonhos que não lhe pertençam. Evolução na Terra significa projetos realizados, e todos nós possuímos os recursos básicos para realizá-los. Errantes ou deficientes, somos responsáveis pela vitória do bem.

Siga Cristo, que jamais perdeu tempo cobiçando a posição dos senhores do sinédrio como referência e sustentação. Jesus sabia que seu reino não pertencia a este mundo, mas iniciaria em cada um o seu ministério de amor, cultivando, nos corações inspirados por Deus, o incessante empreendimento de fazer imperar o bem no brilho do Evangelho e na importância de cada um.

Lida e Doma

Não se acuse pelos desacertos passados. Lute e siga, sem deter-se na lamúria por tempo indeterminado. Feliz é aquele que se equilibra na vida e doma os sentimentos, as emoções e a razão.

Renuncie aos fantasmas efêmeros dos sentimentos vazios e encontre a paz nos braços celestes, que sustentam o homem por todas as suas existências.

Eleve o pensamento, quando a provação chegar para desviá-lo do caminho. Descanse a mente para receber o clarão divino que dignifica a alma.

Aumente o horizonte, fazendo a luz brilhar na proximidade do seu ser.

Caminhe, encantando com alegria o mundo íntimo e coletivo e fazendo valer a sabedoria de Deus.

Conquiste o equilíbrio sem desespero ou punição, glorificando sempre e amando tudo.

Instrua-se para alargar a vida e poder ver melhor através da porta estreita chamada Jesus.

Seja firme e aproxime-se de Deus através dos seus semelhantes, confiando na amplitude das almas e na certeza de caminhar feliz em busca do melhor.

Experiência

Deus nos escolheu:
Para o sofrimento regenerador;
Para o abandono que nos enobrece;
Para a tristeza que testemunha nossa força;
Para as dores que nos vivificam;
Para o perdão que nos ensina o desapego;
Para a luta que nos educa;
Para a dificuldade que nos adverte;
Para a provação que nos renova;
Para a solidão bem sentida, que nos purifica;
Para os obstáculos que nos ensinam.

Por tudo o que sofremos, aprendemos a auxiliar nossos semelhantes, que também foram escolhidos e passam pelas mesmas lições de vida que nós passamos, sem arruinar a experiência que nos eleva, cumprindo retamente o aprendizado do caminho, construindo com fé o futuro claro, aperfeiçoando-nos em fortaleza e coragem na estação chamada experiência.

Espírita cristão

O verdadeiro espírita cristão deve ser:
Sério e não ser infeliz;
Duro e não ser carrasco;
Feliz e não ser irresponsável;
Amável e não ser fraco;
Firme e não ser inseguro;
Seguro e não ser inflexível;
Independente e não ser inoperante;
Cauteloso o suficiente para não ser enganado;
Direto o suficiente para não ser enganador;
Certo o suficiente para não se perder;
Esperançoso o suficiente para não abandonar a obra;
Caridoso o suficiente para não desistir dos filhos do calvário;
Humilde o suficiente para enfrentar com coragem a crítica;

Amoroso o suficiente para poder abraçar a glória de ser filho de Deus.

Em um clima abençoado de resignação operante, o espírita cristão poderá projetar hoje, aonde quer que vá, o caminho luminoso, conquistado individualmente por meio do serviço divino de amor e luz, sem sucumbir jamais às tentações ilusórias.

O espírita cristão deverá continuar seguindo o caminho da redenção, semeando e cuidando, estudando e perseverando, auxiliando e aprendendo, renovando-se e buscando sem reclamar da dor, pois o açoite do mundo é o remédio para a alma, que ainda reside nas sombras dos erros passados.

Servidores divinos

Muitos se dizem servidores do Cristo, porém poucos se caracterizam pela fé operante.

Aos primeiros sintomas de provação mínima, angustiam-se revoltosos ante as lições sábias de reajuste da vida.

Apresentam-se com lastimável e infeliz aparência, como vítimas de um calvário íntimo sombrio, mesmo sabendo que não existem injustiçados, mas testemunhos de amor ao Amigo Divino, por meio das dificuldades vividas.

Criam tempestuoso clima ante as ofensas, trazendo o fel e o rancor doentio em seus corações.

Penetram largos vales de depressões e solidões inexplicáveis, alegando meditações infundadas, mesmo quando foram convocados a servir aprendendo com o semelhante.

Reclamam liberdade, quando Jesus só lhes pede responsabilidade.

Na luta redentora da alma, é necessário que cultivem a harmonia, para poderem colaborar com os serviços divinos. Infalível é o poder da fé, que sustenta os homens para que se consagrem como servidores sinceros. Nas atividades do mundo, é importante saberem crer, servir, amar, instruir e seguir, alcançando o verdadeiro caminho da realização evolutiva, conscientes de que não estão livres das corrigendas do mundo no cultivo do valor próprio, mas de que são capazes de sentir a frieza do mundo, sem perderem, no entanto, o calor da fé no coração.

Aprendendo

Ensine-nos, Senhor, a:
Amar oferecendo;
Servir perseverando;
Prosseguir orando;
Ensinar semeando;
Iluminar exemplificando;
Pedir construindo;
Perdoar esquecendo;
Vigiar transformando;
Lutar esperando;
Compreender edificando;
Crescer amparando;
Sofrer entendendo;
Chorar consolando;
Caminhar orientando.
Agradecer servindo a Deus, hoje, amanhã e sempre.

Tarefas mínimas

Atenda às tarefas mínimas que Deus lhe solicitar no início do trabalho apostólico, com ânimo, resignação e empenho, não lhe importando qual seja. As tarefas mínimas são os alicerces da grande construção.

É imperativo que aprenda a esperar com paciência e ação, enfrentando com fé os obstáculos naturais do caminho, pois as provas temporárias enaltecem a alma.

Compreenda as diferenças dos companheiros de ideal e veja-os como auxiliadores de seu próprio burilamento.

Aprimore, com o esforço da luta, as maneiras de vencer a si mesmo e cultive a paz íntima sem desequilíbrio ou desencanto, mas não deixe de conviver, respeitar, servir e refletir luz em tudo e em todos.

Auxilie, sem esperar no tempo, as curas instantâneas ou o reconhecimento dos homens.

Cada ser é uma porta para chegar a Deus, mas com dimensões distintas. Não há imediatismos na evolução do homem. Para alcançar a ascensão, é necessário o empreendimento pessoal nos reajustes e no aperfeiçoamento dos hábitos mínimos, para, enfim, conseguir despertar os sagrados valores deixados por Jesus.

O movimento de libertação das mentes é feito por meio da regeneração, do trabalho, da fé, do empenho e do enriquecimento do patrimônio de Deus, em sabedoria e amor.

Você pode participar desse movimento, mas jamais poderá alterar os desígnios celestes no processo evolutivo de cada ser, auxiliando-os a encontrar o caminho iluminado da eternidade, sem esperar, portanto, que alguém seja igual a você.

Esperar

Saber esperar é agradecer com paciência e tolerância, construindo e servindo operante a Jesus.

Costumamos apressar o rumo da vida, agindo impulsivamente para saciarmos as vaidades tempestivas de paixões temporárias, que ainda corroem nossa alma. Ignoramos as assertivas celestes de companheiros invisíveis, que acompanham nossas encarnações e nos orientam sobre as melhores maneiras de aproveitarmos a existência. Espíritos amigos, que aguardam a transitória ilusão das mentes de seus tutelados, conferindo-lhes divinas oportunidades de elevação por meio da resistência ante as provas do caminho.

Para atuar sabiamente, é necessário esperar. O que seria, então, do dia se não vencesse a sombra da noite? E do fruto, se não esperasse a semente germinar?

Todos nós suplicamos paz, porém é necessário que cooperemos com nossa própria organização da vida, sem nos ausentarmos do mundo, vivendo resignados, e sem padecermos nos braços da ansiedade. Trabalhemos juntos, sabendo que Jesus nos espera em seus ministérios de amor e trabalho, para que recebamos a bênção por participar dos círculos divinos como discípulos convictos, atendendo sempre e acima de tudo à vontade de Deus.

Fazer-se luz

Todos os indivíduos são luzes. Não cabe a ninguém se esconder atrás de sombras alheias.

Cada espírito é um conjunto de existências, com gostos, desejos, sentimentos e pensamentos diferentes, lutando pelo equilíbrio e pela sobrevivência do bem em si mesmo. Cada experiência humana concede ao indivíduo oportunidades para que possa construir seu próprio destino, respeitando a lei do tempo, que organiza o rumo dos anseios e das esperanças.

Cada criatura humana procura, espontaneamente, as penitências infundadas e os sacrifícios causados pela má escolha, segregando a misericórdia de Deus em detrimento do sofrer sem explicação, não auxiliando a evolução do espírito, mas demonstrando extravagantes manifestações egoístas de conflitos sem razão.

Cada filho de Deus responde aos seus deveres sagrados de fazer-se luz, ecoando razão, compreendendo os diferentes, auxiliando, instruindo e seguindo persistente, para que não seja apenas mais uma lamparina apagada na Terra, mas um verdadeiro farol, que refletirá a luz do amor eterno, em raios infinitos nas existências de todos os seres.

Calma

A calma continua sendo o equilíbrio para a vida.

Em qualquer circunstância, transforme a tempestade mental em garoa fina e benfeitora, que abre portas para a meditação.

Manifeste a delicadeza nos momentos irritadiços de raiva explosiva.

Receba a ofensa, perdoando e esquecendo.

Aceite o desdém, silenciando.

Sirva mesmo menosprezado, consolando e edificando, seguindo com a consciência tranquila e sempre em Deus.

Encontre:

Na lágrima de dor, o caminho para a oração;

Na privação, a alternativa para reformular as escolhas profissionais anteriores;

No abandono, o reconhecimento da presença do Amigo Divino;

Na enfermidade da carne, o remédio para a reformulação do espírito;
Na tristeza, o impulso que lhe faltava para chegar à felicidade.

Os tumultos e os conflitos da vida sempre virão acompanhados de enormes oportunidades, para que o espírito possa cumprir seu papel de aprendiz das existências, caminhando para o cristianismo libertador.

Não esmague seu próximo com a fúria da palavra ou do gesto agonizante. O Cristo alivia e, muitas vezes, soluciona os problemas ditos sem solução. Jesus, calmamente e sem alarde, sofreu a impaciência do mundo e, mesmo assim, não deixou de seguir ensinando serenamente os corações enfurecidos e ignorantes que o levaram à cruz.

Renascer

Aceite as oportunidades que a vida lhe concede e renasça agora.

Nas aflições, recupere a paz, projetando nas telas da mente a luz da sabedoria divina, que anima as almas com esclarecimento e compreensão.

Na dor, reexamine as atitudes de ontem e renove-se, aperfeiçoando a existência, suprimindo a inferioridade e cultuando a retidão dos passos nos caminhos terrenos.

No erro, recolha-se em oração, reavaliando o momento, pensando em silêncio, sem apontar, recriminar-se ou recriminar quem quer que seja duramente. Reconsidere, começando por analisar a si mesmo, amadurecendo com sinceridade para a eternidade.

No preconceito, mantenha a certeza e a esperança no Senhor. Olhe a humanidade como uma criança, que começa a falar as primeiras palavras e que necessita de instrução, paciência e de um professor igual aos servidores fiéis de Jesus na trajetória de seu Evangelho. Faça florescer um mundo novo e renovado, liberto do egoísmo e do orgulho dilacerador.

Na privação, suporte o sacrifício de viver com pouco ou quase nada. Aumente o esforço por meio do trabalho digno e equilibrado, sem limitar as belas aspirações apostólicas às paredes bancárias do mundo. Aproveite os recursos que enriquecem as mentes e as mãos, marchando rumo ao cristianismo, perseverando constantemente na construção do reino de amor e justiça.

Pense em Jesus e deixe renascer a esperança da transformação em seu coração, acendendo na estrada da vida as lanternas de sabedoria divina e alimentando a fé com trabalho renovador.

Pense em Jesus e multiplique o bem que pode realizar ao próximo, elucidando, discernindo e amando além, pois Jesus, em momento algum, deixou de pensar em você, fazendo Deus renascer sempre em seu coração.

Negação e atitude

Não aguarde milagres para corrigir a própria vida, pois Deus responde a todas as preces através do seu semelhante, chamando-o para exercer o bem em trabalho constante, envolvido num clima de fé, força e coragem. Não crie zonas de sofrimentos inesgotáveis. Para transformar o hoje, é importante perceber o momento, utilizando a cultura espiritual, que é riqueza própria do espírito.

Deixe, por meio das palavras e das atitudes, fluir a essência do Plano Maior a seu favor, pois, somente assim, a cegueira temporária das mentes vinculadas aos círculos das matérias, sombras e tristezas, seria corrigida.

Não cultive impedimentos para conquistar a melhora íntima, pois, para vencer o nevoeiro do caminho das próprias fraquezas, é importante dedicação e paciência e esperar operante, sem desviar-se da vontade de Deus por caprichos pueris e momentâneos.

Não procure a punição por meio de martírios inconsistentes e sofrimentos egoístas criados pela própria mente. O conjunto de experiências na Terra, entre a dor e o sofrimento, são aprendizados necessários para o espírito que busca a evolução.

Não limite a ascensão do espírito às esferas inferiores do *eu*, às emoções desvairadas ou ressentidas. Exercite as atividades que o Senhor lhe confiou nas oficinas do mundo, semeando o bem, cooperando com aqueles que desejam o caminho da sabedoria divina e ensinando-lhes não como professores dissolutos, mas como irmãos de luta, que combatem a perturbação íntima, visando conquistar o triunfo do amor fraternal e do bem eterno.

Amor

Dificilmente, amamos com o coração puro. Confundimos amor como entendimento aos prazeres temporários que sustentam o imediatismo.

Por meio do Evangelho, Jesus chama a todos a praticarem o amor sem imposições ou alegações de apegos egoísticos. Todos declaram amar por amar em qualquer circunstância, porém poucos o sentem desinteressadamente e sem caprichos.

Expandamos para sempre os sentimentos puros, fazendo pelos outros o que gostaríamos que nos fosse feito, e dispostos a servir sem esperar nada em troca, pois não podemos reclamar o bem que não fizemos ou o amor que não sentimos.

Conflitos

Difícil é atravessar os conflitos do dia sem irritações, cólera, lamentações ou desesperos. Os problemas da vida carnal são salutares remédios para o espírito, desde que você saiba vivê-los sem perturbações ou desequilíbrios.

Nas ocasiões amargas, é comum apresentarmos a Deus um espírito aquebrantado pelas lutas cotidianas e enfraquecido ante as provas do caminho, a pedir socorro e amparo à bondosa Divina Providência, sem que percebamos que o importante é pedirmos instrução para suportarmos, enfrentarmos e vencermos os derradeiros minutos de temor, na marcha edificante da evolução, mesmo que essa nos pareça escabrosa.

Nos infortúnios visíveis ou invisíveis, voluntários ou involuntários, não bastam as lágrimas convulsivas sem construções. Estimule o bem em todas as suas formas, maneiras, e em todos os lugares. O importante é alterar os pensamentos desestimulantes para preceitos otimistas de esperança, lançados por Deus nos corações dos homens.

Seja útil o quanto possa ser, sem reclamar o tempo que passou.

Hoje, você certamente possui os recursos, que o induzirão a reconhecer os benefícios que as provas lhe trazem rumo à perfeição, oferecendo e recebendo a bênção da paz e da harmonia.

Guarde sempre o passado imperfeito como uma alavanca incentivadora, voltada a melhorar o presente e o futuro. Faça já, na vinha cristã, tudo o que lhe for possível fazer em favor de si mesmo ou do bem comum, sem esquecer-se, no entanto, de ser uma sentinela do Senhor, mesmo estando no cativeiro do mundo.

No curso das lágrimas

Não desista, mesmo que as sombras do desespero lhe invadam a alma. Continue e enfrente o crivo do mundo sem as asperezas de um coração endurecido.

Acredite na proteção Divina sobre o roteiro de sua vida e siga o caminho cristão pavimentado por Jesus, mesmo quando seus pés experimentarem o ardor dos espinheiros envenenados, das incompreensões do mundo ou dos inconvenientes das críticas avassaladoras.

Acenda a chama da fé, prosperando, esquecendo-se da ruína passada e fortalecendo-se no bem, sem aniquilamento ou tristeza.

Nas esferas do mundo, é importante que considere, nos quadros aflitivos da vida, a presença e o apoio celeste ante as enfermidades cultivadas pelos homens. Muitas vezes, criamos verdadeiras chagas íntimas de problemas, que, em verdade, não passam de garoa fina sem importância.

Confie no infinito amor de Deus e avalie o curso de suas lágrimas, direcionando sua existência aos braços paternais, servindo sem medo, amando sem apego, e agradecendo sempre o dom da transformação pessoal e a oportunidade de descobrir a importância de evoluir na órbita da verdade pura da vinha de Deus.

Trabalho e espiritismo

A doutrina espírita cristã:
Não exige perfeição dos companheiros na Terra, dos trabalhadores das vinhas do bem, porém muitos se declaram indignos de colaborarem com o Senhor e abandonam, assim, a oportunidade de melhorarem-se e instruírem-se;
Não impõe trabalho a ninguém, porém muitos se sentem acuados, quando ela, a doutrina, afirma que "somente por meio do trabalho é que se realiza a reforma evolutiva de verdade";
Não pede imediatismos para a evolução, porém muitos ficam paralisados ante o transcorrer da vida, por meio de "desculpismos" relacionados à falta de tempo ou de reclamações, sem que haja empenho ou melhora para simplificar os mínimos hábitos;
Não escraviza o trabalhador a Deus, porém muitos perguntam se valerá o esforço

pessoal na construção invisível de um reino de amor e bondade ou se as conquistas efêmeras do mundo carnal possuem maior importância do que as obras voltadas ao bem. Essas pessoas duvidam tanto disso que se esquecem de que Jesus chamou muitos, escolheu poucos e as elegeu;

Não requer do seu seguidor mais do que ele possa oferecer individualmente. Entretanto, muitos se sentem tão cobrados por Deus que ancoram a vida no porto da tristeza enfermiça e não conseguem observar as profundas lições que a misericórdia de Deus oferece a seus filhos, sendo que Ele tudo faz e tudo perdoa, amando fielmente todos aqueles que estejam vinculados ao calvário da vida, dividindo-lhes o fardo sem pedir nada em troca.

Procurar

Procure, no íntimo de seu coração, o retrato renovado do passado que transforma em mel e perfume a esperança de um cristão;
Nas mãos, as ferramentas envelhecidas que buscam renovação;
Nos passos, o doce encanto de continuar;
Em Deus, a coragem no coração que marcou;
Em si mesmo, a virtude de estar vivo como criação de Deus junto ao chão que amou.
E na simplicidade do broto o recomeço e no recomeço o Nosso Senhor, estimulando o que há de novo em você: o amor.

Pelo espírito Marcos

Recomeçar, muitas vezes, significa voltar a enfrentar os degraus sombrios da vida. Corajoso é aquele que se reconhece com o poder de mudar a própria existência, seguindo seu caminho consciente de que é um filho de Deus.

Marcos

Nem se acende uma lâmpada e se coloca debaixo do alqueire.

(Mt 5:15)

Suportar com coragem as humilhações dos homens é ser humilde e reconhecer que somente Deus é grande e poderoso.

(ESE, Cap. VII, item 11)

Oferecer

Senhor, acenda em nós a chama viva da renovação, para que possamos viver contribuindo para o nosso restabelecimento íntimo, a fim de oferecermos além:

Do abrigo ao desabrigado, a esperança vitoriosa;

Do pão ao faminto, o amor valorizado;

Do remédio ao enfermo, o carinho paciente;

Do agasalho a quem tem frio, a fé acolhedora;

Do estudo ao analfabeto, a coragem incentivadora;

Da água ao sedento, a estima orientada;

Do dinheiro aos menos favorecidos, a riqueza do ensinamento construtor.

Senhor Nosso, somente assim compreenderemos a importância de vivermos construindo as tarefas de luzes que nos são reservadas.

Sentir

Sente tristeza pela ausência de alguém? Lembre-se de que esse alguém precisa vivenciar as experiências da Terra, para aprender a valorizar seu sorriso.

Sente amargura, porque a saúde se foi? Lembre-se de que a doença é como uma escola regenerativa para a alma e o coração.

Sente a dor, ao ver partir de seus braços o filho que a vida lhe depositara em regime de tutela? Lembre-se, filho de Deus, de que a morte é a libertação do espírito para que ele volte ao seu mundo.

Sente o cansaço após o trabalho dedicado e não compreendido? Lembre-se de que o cansaço é o descanso da alma após várias vidas vazias.

Sente o coração atormentado, porque não consegue ver a esperança verter dos olhos daqueles que ama? Lembre-se de que a esperança é o produto precioso da perseverança no trabalho de renovação do espírito.

Sente agora, sem chorar em vão ou olhando para os erros passados, o carinho que Deus manifesta por você na esperança de sua modificação?

Convivência

Não golpeie as feridas de ninguém. Violência é sombra enlouquecida.
Não fantasie a verdade. Mentira é fel destruidor.
Não calunie ninguém. Acusação é amargor verbalizado.
Não humilhe a ignorância alheia. Humilhação é reflexo da própria inferioridade.
Não amaldiçoe os gestos impensados. Maldizer é sinônimo de perseguição obscurecida.
Não menospreze o trabalho realizado. Menosprezo é perturbação solitária.
Não ofenda aqueles que erram. Ofensa é desencorajamento para a vida.
Não negue carinho ou sorriso para aqueles que estão caídos. Negação é egoísmo disfarçado.
Não odeie as divergências humanas. Ódio é expansão das trevas.

Não desista de instruir-se e disciplinar-se junto ao agrupamento difícil do seu convívio. Desistência significa retorno ao ponto inicial da expiação.

Consciência

Consciência é produto de análise. Como ter fé, sem saber que ela se inicia no próprio coração? Como desculpar, sem saber que o perdão é o remédio para a cura da obsessão? Como amar, sem saber que a liberdade é o produto do amor universal sem apego? Como viver, sem saber que a Terra é o degrau para chegar à existência junto a Deus? Como construir, sem saber que a fé é o alicerce fundamental para manter em pé a construção de Deus? Como acreditar em Deus, sem saber que Ele também acredita em você? Como respirar a paz, sem saber que ela vibra ao seu lado? Como encontrar a si mesmo, sem saber que continua sendo uma obra perfeita de Deus? Como sentir, sem saber que o sentimento é o espelho da alma?

Consciência é o produto eterno da evolução. É a glória de saber olhar para si mesmo e encontrar a tranquilidade da tarefa bem cumprida em nome de Deus.

No início do trabalho mediúnico

No início do trabalho mediúnico, muitos amigos encarnados apresentam-se inseguros, temendo não conseguirem executar com precisão o serviço no bem.

Colocam vários obstáculos frente ao caminho, dificultando a compreensão da tarefa individual, junto à obra de amor de Deus a Terra.

Relembram e lamentam as provações passadas com pesar destruidor, esquecendo-se de que todas as dores de ontem e hoje iluminarão o amanhã.

Sofrem por desejarem agradar aos outros e envolvem-se em teias angustiadas de servir sem ensinar ou edificar.

Acreditam que a sabedoria chegará com o tempo, porém não dedicam sequer algumas horas para os estudos edificantes, que atualizam as criaturas e as auxiliam no desenvolvimento da fé racional por meio do amor e da instrução.

Reclamam proteção, quando, na verdade, sabem que sem vigilância mudanças de atitudes e oração sucumbirão às agressividades do caminho, que impedem a marcha evolutiva.

Amigos, busquem educar a si mesmos, reagindo às influências inferiores, para que elas não interrompam a ascensão do espírito.

Mantenham-se firmes na fé, amando, servindo, resignando-se e perseverando, sem deixar que os espinhos do mundo os afastem de Deus.

A caminho da ascensão espiritual

Exercendo o apostolado do bem por meio da mediunidade, nas vinhas da prestação de serviço caridoso em nome de Jesus, é imperioso sabermos que não existe:
Privilégio, mas disciplina e perseverança;
Ingratidão, mas perdão e bênção;
Irresponsabilidade, mas experiência e edificação;
Desistência, mas alteração de caminhos;
Abandono, mas separação necessária;
Agonia, mas provação que eleva;
Dor, mas transformação e coragem;
Impaciência, mas espera operante;
Revolta, mas aceitação resignada;
Alucinações, mas sonhos realizados;
Perseguições sem causas, mas reajustes passados;
Obsessão pelo mal, mas erraticidade temporária.

Quando seguirmos o caminho luminoso de Jesus, conquistaremos a ascensão espiritual e estaremos prontos para nos tornarmos os portadores das lições preciosas que o Mestre nos ensina no dia a dia. Assim, brilharemos radiantes na moral verdadeira de Jesus, compreendendo o significado de estarmos em comunhão eterna com Deus.

Em qualquer situação

    Em qualquer situação, perdoe, para que o alívio da alma se estabeleça em você.

    Em qualquer situação, ame, para que seu coração possa aprender a amar e receber em seguida.

    Em qualquer situação, tolere as falhas do mundo, para que suas falhas sejam toleradas por todos.

    Em qualquer situação, espere, para que você possa receber o que realmente for seu.

    Em qualquer situação, modifique suas atitudes, para que você possa encontrar a paz e a felicidade de viver melhor.

    Em qualquer situação, tenha fé, pois a fé que você tem em Deus é a mesma que Ele tem em você.

Luta interior

Por meio da reencarnação, nós somos chamados diariamente a libertar o bem que reside em nossos corações, sem deixar que o mal que nos habita vença.

Mantemos o espírito cativo ao egoísmo, à ingratidão e à vaidade na eterna insatisfação diante de nossa própria existência, esquecendo-nos de que todas as leis verdadeiramente sábias pertencem a Deus.

Ulceramos com fel aqueles que dividem a encarnação conosco e, quando decidimos meditar sobre isso, verificamos que praticamos o mal sobre as criaturas de Deus de forma avassaladora.

Sentimos o coração acorrentado ao sofrimento e, quando impiedosamente fazemos alguém sofrer, geramos em torno de nós a vibração amarga do ódio.

Para vencermos nossas próprias sombras íntimas e encontrarmos o equilíbrio que faz brilhar as leis espirituais de Jesus em nossas vidas, é importante utilizarmos o autocontrole para não lançarmos ao mundo a desarmonia de nosso próprio caráter.

Medianeiro do bem

Medianeiro do bem na Terra, seja um instrumento precioso de Jesus.

Sirva com confiança e humildade em todos os atos da vida, para que possa vencer e suportar todos os obstáculos de provas e sofrimentos.

Se alguém o desprezar, ame-o com o coração puro e livre do apego doentio.

Se alguém lhe recusar uma palavra em sua defesa, perdoe-o, trabalhando mais e com maior dedicação.

Se alguém ferir seus sentimentos, esqueça-o e siga em frente sorrindo.

Se alguém o criticar, aceite ponderando, para que você possa melhorar e corrigir seus próprios erros.

Se alguém o acusar, apresente sua inocência por meio do trabalho.

Se alguém desejar corrompê-lo, conceda seus serviços de graça e a todos, assim como Jesus concedeu.

Se alguém o entristecer, demonstre a seriedade com responsabilidade e não com amargura assustadora.

Se alguém o menosprezar, realize, por meio de ações e conduta de luz, o que seus lábios emitem e o que seu coração prega.

Se alguém o magoar, renove suas forças, prosseguindo sem nunca retroceder.

Se alguém esbravejar contra você, aprenda a silenciar, para que Jesus possa orientá-lo quanto à solução e ao caminho a seguir.

Estude e trabalhe livre das angústias terrenas, construindo uma vida solidificada no amor exemplificado na obra de Deus, cumprindo, assim, a missão de ser um medianeiro do bem, vivo e participativo, em nome do Senhor.

Amigos de Jesus

Para sermos amigos de Jesus, não basta somente que o reverenciemos aqui e ali, mas que atuemos como Ele.

Jesus não nos pede para levantarmos tribunas em seu nome de maneira fanática. Ele espera de nós o silêncio com obras, o raciocínio liberto das correntes trevosas do egoísmo, para que possamos consolidar, assim, os pensamentos com a imensurável missão de restabelecimento da paz.

Ao longo do processo evolutivo de nossos espíritos na Terra, Jesus se manteve fiel diante de nossos erros e de nossas deficiências ou limitações, sem nos renunciar ou abandonar.

Hoje, basta que retiremos o entusiasmo eufórico e compreendamos a responsabilidade de sermos amigos de Jesus, trazendo na intimidade do coração a máxima amiga:

"Vós sereis meus amigos se fizerdes o que vos mando"³.

3 - Jo 15:14.

Buscar

Se a obsessão visitá-lo, busque a cura nos alicerces do Pai e reforme-se.

Se os desalentos terrenos forem sentidos por você, busque a esperança para acalmar-se.

Se a doença física lhe abater o corpo, busque o auxílio no próprio coração para resignar-se.

Se a cruz que lhe couber for pesada, busque a história verdadeira e encontrará Jesus carregando, além do madeiro pesado, o peso de nossos pecados.

Se os conflitos apresentarem-se fortes, busque a força da oração para vigiar-se.

Se os problemas financeiros testarem sua paciência, busque as riquezas celestes para melhorar o padrão de vida dentro e ao redor de você.

Se seu espírito buscar Deus por meio dos medicamentos cristãos, tenha consciência de que todo medicamento, para que tenha um efeito preciso, necessita que o indivíduo passe por uma mudança de conduta pessoal diante da vida, para, assim poder seguir passo a passo o médico das almas: Jesus.

Preocupações

Vivemos ansiosamente as preocupações do amanhã.

Vinculamos nossos corações aos martírios dos sofrimentos ilusórios, sobre fatos que nunca existiram, a não ser em pensamentos angustiados.

Martirizamos o espírito com ocorrências vazias, esquecendo-nos de que as atitudes de hoje modificarão todo o amanhã.

Sofremos por causa da ansiedade e a refletimos de maneira cruel naqueles que estão ao nosso redor, manifestando golpes de violência, impaciência e agressividade.

Emitimos frases pessimistas em relação ao futuro e, abatidos, chegamos ao ponto de fragilizarmos o corpo, criando "doenças fantasmas", que são produto da ansiedade.

O mesmo tipo de sofrimento abate todas as criaturas espalhadas pela Terra, porém, se nós restaurarmos nossas energias e apaziguarmos nossos corações, poderemos conduzir os problemas com calma e encontrar o melhor caminho para suportarmos o que o amanhã nos reserva.

Confiantes no hoje, seguindo a retidão da honestidade nas atitudes, viveremos amanhã cada ocorrência da vida, como se ela fosse um degrau a ser subido. Aprenderemos, assim, a suportar sem amargura as situações, entregando todas as nossas preocupações às mãos de Deus, que cuidará serenamente de nós, desde que permaneçamos firmes, cumprindo com nossas responsabilidades.

Casamento

As uniões procedem dos céus e, em sua grande maioria, são frutos de compromissos assumidos na esfera espiritual.

Para uma relação perdurar nos pilares de equilíbrio, é importante que homens e mulheres sigam a estrada da vida, embasados nos códigos de respeito mútuo e tolerância.

Para cumprirem os planejamentos da vida superior e superarem todas as perturbações do lar, tanto o homem quanto a mulher deverão se sujeitar a uma mudança de comportamento, que, em muitas ocasiões, é interpretada como cárcere domiciliar e não como um burilamento do espírito ou como um freio de Deus para o crescimento de seus filhos.

Casamento não é sinônimo de cotidiano monótono. A máquina que une as criaturas à vida é ativa. Antes de depositarmos em alguém a culpa por nossa própria estagnação, devemos nos analisar, equilibrando as responsabilidades do casamento com a evolução individual de cada um, pois cada criatura consciente é responsável por si.

O alicerce para a vida nasce no lar. Deus delega seus filhos para serem cuidados em regime de tutela matrimonial. Cabe a cada um de nós entregá-los melhorados, abençoando-os e aprimorando silenciosamente nossos espíritos, nos princípios de causa e efeito, dominando as dificuldades do conviver e conquistando o triunfo da paz.

Ouvintes praticantes

Estejamos prontos para ouvir as palavras de Deus e colocá-las em prática. Sejamos praticantes e não somente ouvintes. Alicercemo-nos nas palavras, mas são as obras que iluminam o pensamento e o caminho do homem.

Façamos, sem demora e em qualquer instituição humana, as boas obras em nome de Deus e com Deus, não nos deixando dominar pelo medo e reconhecendo que o sacerdócio do amor se inicia no ouvir raciocinando e no praticar orando, vigiando e, sobretudo, amando, para que possamos crescer nas vinhas do Senhor, sem perdermos o aprendizado evolutivo do início, mas aperfeiçoando a própria vida.

Partir

Esta é a oração de uma mãe, proferida no aniversário de um ano do desencarne de seu filho, em que demonstra a saudade sentida tendo em conta a separação momentânea, a inconformação angustiada dos primeiros dias da ausência e, por fim, a transformação individual, que se deu por meio da conformação e abnegação, fazendo-a dar continuidade à vida e retornar aos seus afazeres de esposa e mulher.

Aqui estão, leitor, as palavras na íntegra dessa moça devotada aos deveres de mãe:

"Ainda lembro, com clareza, aquela noite em que, em meus braços, silenciava o tom mais amado de minhas esperanças: o filho meu...

Ainda lembro as mãos gélidas e, sobre meu colo, a ausência de vida daquele para o qual o carinho, o amor e a dedicação eram extremados...

Ainda lembro o sorriso do pequeno e suas primeiras manifestações de reconhecimento de alegria e felicidade...
Ainda lembro o último sussurro e a mão do pequenino escorregando por meu rosto...
Ainda lembro as lágrimas que desciam incessantes e o grito agoniado, enquanto balançava o pequeno junto ao meu peito como se minha própria essência de vida fosse transferida para ele...
Ainda lembro a última despedida, o último adeus e a última oração...
Ainda lembro as preces solitárias e inconformadas, tendo a eterna pergunta sem resposta:
— Por quê? Por quê? Por que tirar meu filho, por quê?
Ainda lembro o anjo bom, que Deus enviou ao meu coração, para consolar-me e me fazer retornar à vida e às minhas responsabilidades de filha de Deus.
Hoje, Senhor, em soluços choramos na Terra, mas passamos a compreender a trajetória de cada filho Seu. Sua infinita misericórdia faz a vida continuar e desabrochar...
Em muitas de nossas vidas, Deus também segurou nossos corações frios e ausentes de amor, de perseverança, de fé e de esperança.

Agora, restabelecida e agradecida, afirmo com segurança a lição que aprendi: antes de entregar meu filho a seus braços através do túmulo, entreguei às suas mãos meu coração...".

Testemunhos de fé

Para sermos vencedores no mundo, não basta vivermos somente por viver. É importante crermos em Deus.

Os testemunhos de fé apresentam-se em forma de provações terrenas, para os espíritos que buscam a própria transformação, assegurados nos ensinamentos de Jesus.

É comum encontrarmos espíritos encarnados desistindo do caminho cristão, por julgarem-se sem preparo para suportar os entraves do mundo.

Abatidos, vinculam-se à conformação e ali assistem ao próprio insucesso, sem respirarem o ar da tranquilidade e da paz, porque sabem que os trabalhos iniciados no passado e interrompidos por insegurança ou livre-vontade estarão exatamente na mesma posição, aguardando o retorno em algum espaço de tempo.

Tenhamos força na fé para concluirmos todas as tarefas assumidas e estejamos preparados para receber as que temporariamente desconhecemos e que estão por vir em qualquer momento de nossas vidas.

Aprendamos a testemunhar a fé em Deus por meio do trabalho, transformando-nos em sentinelas vivas de esperança, que perseveram no bem e que por nada, nem por ninguém desistem da vitória da própria evolução, lado a lado com Jesus.

Adequando-se

Trabalhando no bem junto às casas espíritas e às vinhas de Jesus, exerça, em qualquer lugar e com todos, o poder imensurável do amor exemplificado.

Organize-se melhor para não sofrer as consequências do esgotamento físico e não deixar de auxiliar ninguém.

Mantenha a pontualidade nos compromissos assumidos. Pontualidade é sinônimo de disciplina e disciplina de melhoria.

Crie uma uniformidade de gentileza para lidar com as pessoas, sem frieza, mentiras ou bajulações.

Seja paciente e saiba manter-se calmo em todas as circunstâncias sem demonstrar irritação.

Module sua voz de acordo com o público e o local no qual esteja falando, mas não a sintonize com a falsidade ou com a insegurança que gera dúvidas.

Sendo palestrante ou instrutor dos ensinamentos de Jesus, jamais considere o ouvinte um ser inferior, ou que você lhe esteja fazendo uma caridade extremada. Lembre-se de que aquele que o escuta também está fazendo a caridade de ouvi-lo.

Cumpra as obrigações das tarefas mais simples com dedicação e naturalidade, sem considerar-se superior pelos títulos acumulados na Terra, pois sempre é hora de acumular os títulos simples dos céus.

Verificando algum erro na organização espírita à qual pertença, seja discreto. Não faça escândalos, não critique as lideranças com o intuito de desmoralizá-las. Aguarde o término das atividades, escolha o melhor momento, chame a pessoa que errou respeitosamente ao lado, e exponha o problema simples e descontraidamente, colocando-se à disposição em relação àquilo que for necessário para auxiliá-la.

Utilize vestimentas simples e adornos discretos que não choquem ninguém. Discrição é sinônimo de elegância, pois a beleza está dentro de você e não na aparência.

Em qualquer manifestação de tumulto no ambiente, deixe a calma manifestar-se por meio de si. Nessa hora, você poderá ser o único com condições de ouvir as instruções dos céus sobre qual atitude adotar.

Evite utilizar bebidas ou alimentos impróprios, antes de realizar alguma atividade. Todo desarranjo físico poderá comprometer o desenvolvimento do seu trabalho e, consequentemente, até mesmo de sua ascensão.

Em tudo que realizar, envolva-se no ministério da fé, da seriedade e da humildade, adequando-se para aprender e realmente servir junto a Jesus.

Filhos do desespero

Tudo que advém do desespero é golpe mortal para o espírito;
Atitudes inconsequentes, alteração do amanhã;
Conversas maledicentes, aniquilamento de criaturas;
Pessimismo e azedume, estagnação e revolta;
Desonestidade e ironia, desalento e angústia;
Queixas e lamentações, tóxico destruidor;
Calúnia e crueldade, temor e insegurança;
Desvios do caminho, tormentas e amargura;
Tristezas exageradas, sofrimentos sem aperfeiçoamento;
Incompreensão e humilhação, imperfeições animalizadas;
Mentiras avassaladoras, leitos de dor.

Guarde-se em Deus, sem deixar que os filhos do desespero façam você sucumbir às obscuridades do mundo ou crucificar suas esperanças.

Confie na vontade Superior e não menospreze a lição do momento, pois, enquanto houver um pequeno sinal de desespero sobre os espíritos, sobre os filhos de Deus, a Luz Divina os socorrerá em verdade e paz, para que a coragem e a resistência contra o mal sejam encontradas dentro de cada criatura.

Em nós mesmos

Em nós mesmos encontraremos:
A agonia e a felicidade;
A doença e a cura;
O desafeto e o amor;
A infelicidade e a alegria;
O desânimo e a luta;
O erro e a virtude do bem;
A irritação e a paz;
A maldade e a bondade;
A preguiça e o trabalho;
A derrota e o triunfo;
A vacilação e a fé;
A dificuldade e a experiência;
A impaciência e a calma.
Somos centralizadores de sentimentos e de ações, sejam elas boas ou más.

Cabe-nos, espíritos em estágio de aprendizado, exaltarmos e praticarmos a beleza interior para que consigamos encontrar o emissário de Deus que existe em nós.

Aprimorando

Estagnamos, como se o peso do mundo estivesse sobre nossos ombros e nos esquecemos de agradecer a Deus, os ombros fortes que suportam o peso de nossos próprios erros.

Descansamos e nos esquecemos de que é tempo de colocarmo-nos de pé e sairmos em direção ao trabalho que nos espera a chegada tardia.

Gritamos e não somos ouvidos, porém nós nos esquecemos de calar, para sentirmos melhor o carinho de Jesus.

Desesperamo-nos como se o tempo chegasse ao fim, porém, para os filhos de Deus sequiosos de mudança, nunca é tarde para recomeçar.

Enlouquecemos, envolvidos por paixões terrenas, porém a mente e o coração são oratórios vivos, que podem ser usados para transformar pensamentos em estímulo e sentimentos em cura celeste.

Buscamos as portas suntuosas do mundo, porém a porta estreita de Jesus aguarda nossa chegada.

Oramos, vez em vez, com descaso, no entanto é momento de orarmos com humildade, rendendo verdadeiramente graças ao Senhor, reconhecendo sua grandiosidade e nossa pequenez.

Trabalhamos e reclamamos, mas todo o trabalho em nome do Senhor tem o objetivo de construir um mundo melhor do qual faremos parte um dia.

Exigimos todos os nossos direitos, mas esquecemo-nos de nossas obrigações ante as responsabilidades da vida.

Aguardamos sem produzir, esquecendo-nos de que aguardar operante é resignar-se para o mundo por meio das próprias atitudes renovadas do espírito.

A todo momento, devemos analisar nossas atitudes diante da vida, melhorando, aprimorando, construindo e amando nossa própria existência, e, por fim, encontrando a verdadeira morada junto a Deus em nosso próprio interior.

Comportamento

Perante uma criança pobre e abandonada, não diga: "Mais uma! Como Deus permite isso?". A reencarnação, seja em qualquer nível, é necessária para o crescimento do espírito, tanto para a criança quanto para você.

Na presença de um idoso, não assevere: "É velho demais, não serve para nada". A velhice é o espelho da experiência. Trate o próprio amanhã com respeito e candura.

Perante um mendigo, não o agrida, questionando-o: "Por que não trabalha?". Nos patamares diversos de expiação, estão aqueles que abandonaram tudo, cedendo lugar à inconformação. Aguarde a passagem dessa criatura pelo período de aprendizado amargo e solitário, sem agressões ou descasos, pois poderia ser um de nós suplicando-lhe pão.

Na presença de um moribundo, não fale: "Deus poderia levá-lo logo e abreviar esse sofrimento". As Leis Divinas não abreviam os sofrimentos e não dão saltos no tempo; elas ensinam ao espírito a resignação, pois o ciclo da vida é perfeitamente sábio. Abreviar hoje é retornar em expiações mais demoradas amanhã.

Perante um excepcional, não afirme: "Pobre desajuizado! Como Deus permite tanto sofrimento?". Cada encarnação possui um perfil expiatório, definido no mundo espiritual e necessário para a evolução individual. Ame com igualdade de sentimentos, servindo com dedicação e carinho.

Diante da morte de um jovem, não diga: "Tantos velhos vivos! Deus retira da Terra uma criatura tão jovem com tantas coisas a viver!".

A morte repentina de uma criatura jovem, em muitas ocasiões, significa a misericórdia de Deus, pois as "coisas" que dizemos que deveriam ser vividas pelo jovem poderiam ser o estopim destruidor de um filho de Deus.

Perante Jesus, possuímos responsabilidades individuais. Cabe-nos, então, fazer brilhar a sabedoria da aceitação construtiva em nossos corações e deixar reluzir as Leis de Deus sobre todas as criaturas da Terra.

No domínio da súplica

Senhor, nós não Lhe suplicamos somente:
Sua piedosa luz, mas que nos ensine a ser luz e a brilhar;
Sua paciência, mas que nos ensine a ser pacientes e calmos;
Seu amor puro, mas que nos ensine a amar sem parcialidades;
Seu amparo, mas que nos ensine a servir com coragem;
Sua tolerância para com as nossas fraquezas, mas que nos ensine a não golpearmos insanamente o outro;
Sua mão caridosa, mas que nos ensine a unir, perante o mal, nossas mãos às suas, para encontrarmos a liberdade;
Sua alegria, mas que nos ensine a experiência de fazermos alguém feliz;
Sua simpatia, mas que nos ensine a expulsar, verdadeiramente, a mágoa que destrói a fraternidade;

Sua bênção, mas que nos ensine que o alívio não é a chama da invigilância; Sua harmonia, mas que nos ensine a perseverar no bem para errarmos menos. Senhor, este é o caminho da verdade que Lhe suplicamos. Sobre todas as nossas ações, que sejamos o exemplo da renovação para as imensas coletividades humanas.

No vasto império de seu Reino de amor, que nos mantenhamos em sua sabedoria, para vencermos e vivermos sobre os alicerces de seu coração.

Pelo espírito Raquel

Não transformemos o nosso coração em fortaleza carcerária. Deixemos que ele seja um campo aberto, um caminho livre para chegar a Deus...

Raquel

Não desanimemos na prática do bem, pois, se não desfalecermos, a seu tempo colheremos.

(Gl 6:9)

Deposita fé em Deus, na Sua bondade, na Sua justiça e na Sua sabedoria. Sabe que sem a Sua permissão nada acontece e se Lhe submete à vontade em todas as coisas.

(ESE, Cap. XII, item 3)

Seguir

Senhor:
Nós, espíritos imperfeitos e errantes, Lhe agradecemos a oportunidade concedida para adentrarmos na sua vinha regenerativa, regida por seu ministério de amor, bondade e trabalho;
Seja para nós um cântico de luz, um bálsamo de forças, para fazermos brilhar a doutrina cristã em nossos corações e nos corações de nossos semelhantes;
Mostre-nos como não recuar perante os momentos dolorosos, nos quais nos fazemos cegos pela mágoa da ofensa recebida, que muitas vezes achamos não merecida;
Fortaleça em nós a coragem e a certeza, para não sermos ociosos ou indiferentes à Luz Divina da renovação chamada trabalho;
Cultive em nós a sinceridade, a delicadeza, a cordialidade e a lealdade apostólica nos

instantes em que formos obrigados a dizer *não*, sem fazermos de nossas existências o amargor ou o fel de um coração endurecido; Converta em nós as lições do Evangelho, para que possamos erigir no caminho os alicerces divinos da construção de um reino de amor e sabedoria, por meio de nossos próprios testemunhos sobre a luta edificante, seguindo as diretrizes de paz, esperança, certeza e carinho, nas quais o Senhor nos sustenta.

Pensar

Pense:
Nas vozes enfraquecidas pela falta de alimentos;
Nos corpos aquebrantados pela ausência do manto;
Nos doentes desesperados com a própria condição;
Nos povos que recebem a leviandade do despotismo das guerras pelo poder egoísta;
Nas dificuldades daqueles que trazem na presente vida a cruz do isolamento dogmático;
Na impulsividade manifestada por tantos perante a fé em Deus;
Na fogueira da agonia que destrói a esperança;
Nos adversários que trazem a aversão e a frustração cravadas no peito;
Na triste condição da ignorância que ainda resiste na Terra;

Nas cinzas da ociosidade desencorajadora, que envolvem os homens. Pare e pense.

Você está em uma posição privilegiada, desfrutando dos ensinamentos de Deus e libertando-se dos preconceitos e das limitações. Não permita que as preciosidades dos ensinamentos apostólicos se percam no tempo por meio da eterna insatisfação perturbadora. O ontem é o passado culposo; o hoje é o ajustamento por meio das provas, das disciplinas e dos trabalhos constantes no bem; e o amanhã embasado em Deus será o resultado da semeadura do hoje em realização e vida.

Esperança e recomeço

Na perda de um filho ou de alguém amado. No não reconhecimento do esforço profissional. No teto humilde. Na privação do prato. No aborrecimento entre falatórios e maledicências. Na lastimável doença física. Na solidão do coração. Nos golpes da crítica desencorajadora. Nos espinhos do abandono. No desânimo pessimista. Na miséria que dilacera o corpo. No desequilíbrio das emoções. É imprescindível nunca deixar de sonhar. Não basta criar fantasias, que venham a se perder na mente ou não saiam do papel como as obras projetadas e não colocadas em prática.

Construa sem desânimo um caminho de esperança e entendimento, afirmando a si próprio que Deus não criou espíritos inúteis ou incapazes de recomeçar.

Sem esmorecimentos, deseje e rogue no comovente gesto de satisfazer a vontade de Deus, por meio do trabalho proveitoso e esperançoso. Os erros ou acertos da vida são o agora e o agora é a oportunidade para termos esperança e recomeçar.

Separação

Não se separa:
O raio do sol;
A estrela do céu;
O fruto da árvore;
A água da fonte;
A folha do galho;
A luz da lua;
A terra do solo;
A raiz do broto;
A chuva da nuvem.

Na vivenda da vida, nunca seremos separados daqueles que realmente amamos.

Toda separação é temporária e, por mais doída que seja, é a renovação em sacrifício.

Nos momentos em que as pessoas dependerem de nosso apoio fraterno, esqueçamos as emoções contraditórias de amor e ódio e amemos sem cativeiro.

Mesmo que um ente amado dependa de nós, ele continuará independente na esfera da liberdade conferida por Jesus e na escolha de seus caminhos e suas experiências.

Entendamos que, para atingirmos os objetivos trazidos do passado e das realizações inacabadas, necessitamos trilhar estradas de afetos outros para podermos construir na comunhão a transformação em luz para chegarmos a Deus.

Na empreitada para conquistar a felicidade e a liberdade responsável, lembremos que não se separa jamais o amor de Deus de nossos corações, nem a coragem da perseverança, para, no final, chegarmos com todos os compromissos assumidos, realizados e abençoados na eternidade.[4]

---

4 - Nota da Autora Espiritual (Raquel): Esta mensagem foi inspirada nas palavras carinhosas proferidas por nosso querido e fiel amigo Saul.

Disciplina

Senhor, ante o aprendizado regenerador, que sejamos disciplinados a compreender que:
Liberdade ensina, mas em excesso gera irresponsabilidade;
Carinho reconforta, mas em excesso gera esquecimento da obrigação;
Felicidade anima, mas em excesso olvidamos do Senhor;
Amor é bálsamo de bênçãos, mas em excesso o confundimos com as paixões efêmeras.

Senhor, estabeleça em nós o esforço necessário para a sublime tarefa da transformação e deite sobre nossos destinos o sol de sua bondade e paciência.

Cultive-nos, Senhor, em rigorosa disciplina, pois ficamos distantes do seu paternal coração, vida após vida, entre as discórdias e as alucinações terrenas, dificultando muitas vezes sua ação sobre a Terra.

Busquemos, a cada dia, o esplendor de servir, mesmo que os cárceres das sombras em dores nos visitem, em prantos ou amarguras, flores ou espinhos. Sejamos gratos, em grandiosos clarões de alegria, por sua compaixão na radiante ventura do seu coração, por continuarmos na comunhão Consigo para sempre em todas as nossas existências.

Sombras e luzes

Em nossa passagem pela Terra, estaremos sempre em contato com pessoas, ambientes e atitudes com as quais não nos afinamos.

Longe de estarmos vinculados a seres alados, somos convidados, a todos os instantes, a desfrutar de momentos de enorme aprendizado, junto àqueles que se encontram envolvidos em maledicências, intrigas e inferioridades.

Antes de iniciarmos os diversos julgamentos, é importante olharmos para nós mesmos e observarmos que, em um pequeno espaço de tempo, estávamos desenvolvendo ou contribuindo para a constituição das redes de martírio ou agonia.

Jesus compadeceu-se de nós e nos ensinou que, antes de irmos aos céus, é necessário passarmos pelas sombras, para que ofereçamos nossas mãos àqueles que caminham sobre os próprios erros ou as próprias insanidades de perseguições e sofrimentos.

Não sejamos rígidos com aqueles que atravessam o lento processo evolutivo como os senhores do passado no presente. Cabe a nós demonstrarmos por meio de ações que todo processo de regeneração depende da nossa perseverança.

Mantenhamo-nos firmes em qualquer lugar que esteja o nosso espírito, sendo uma candeia luminosa de Jesus a clarear os lugares sombrios em oração e paciência.

Jesus convoca trabalhadores

Não importando:
A idade, desde que tenha disposição para se transformar;
A riqueza ou a pobreza, desde que saiba doar amor;
A força física, desde que tenha força na fé;
O que saiba fazer, desde que tenha boa vontade;
A solidão, desde que queira a companhia de Jesus;
A tristeza, desde que saiba alegrar-se ao ver nascer no coração alheio a felicidade;
A cultura, desde que saiba agradecer a Deus;
A falta de visão, desde que consiga enxergar com os olhos do espírito;
O erro de ontem, desde que queira acertar hoje;
O requinte no linguajar, desde que saiba ensinar por meio da humildade e da ação;

A beleza do corpo, desde que destrua as trevas com a luz do coração;

Os descontentamentos passados, desde que saiba contentar-se com o que tem;

O trabalho não realizado, desde que queira sempre recomeçar;

A incompreensão dos ensinamentos de Deus, desde que queira receber, pacientemente, as instruções dos céus;

A renúncia ao trabalho que Jesus lhe confiou, desde que queira servir orando.

Se você atende a um desses requisitos para ser um trabalhador do Senhor, deixe para depois as exaltações das deficiências próprias e passadas. O campo de trabalho está do lado de fora de cada um, mas a vontade de modificar-se está dentro do coração.

Regresso

Ao defrontarmo-nos com o regresso dos entes amados para a verdadeira morada no além-túmulo, transformamos nossos corações em poços de amargura, traduzindo nossos sentimentos em frases inconformadas, lançadas a Deus como rajadas destruidoras, esquecendo-nos de que a morte do corpo físico é o regresso de uma viagem vigiada.

Se você acredita que Deus lhe privou do convívio daquele que você julgava ser seu verdadeiro laço de amor, vença a barreira do sofrimento e aceite as leis desconhecidas pelo homem, cessando as lágrimas incontidas e buscando na oração a candeia que iluminará o caminho daqueles que esqueceram o endereço e a chave de seu verdadeiro lar.

Se a dor for demais, acredite na eternidade que une os corações, lembrando-se de que o regresso não acontece somente da

Terra para os céus, mas também dos céus para a Terra.

Todo reencarne é, com certeza, doloroso para aqueles que permanecem no mundo espiritual, pois tudo dependerá da conduta do espírito na Terra para que possa retornar aos braços amados deixados para trás.

Só um pouquinho

Só um pouquinho de boa vontade, Deus lhe pede, para você solucionar seus problemas materiais. Não é muito, é só determinação.

Só um pouquinho de segurança, Deus lhe pede, para você realizar e construir. Não é muito, é só confiança.

Só um pouquinho de coragem, Deus lhe pede, na difícil empreitada da transformação pessoal. Não é muito, é só perseverança.

Só um pouquinho de fé, Deus lhe pede, para vencer os obstáculos naturais e aqueles criados por você. Não é muito, é só força.

Só um pouquinho de empenho, Deus lhe pede, nos estudos para o aprendizado do Evangelho. Não é muito, é só dedicação.

Só um pouquinho de disciplina, Deus lhe pede, para que você abandone os vícios. Não é muito, é só organização.

Só um pouquinho de trabalho, Deus lhe pede, para que você aprenda o que é caridade. Não é muito, é só amor.

Só um pouquinho de divisão, Deus lhe pede, para partilhar com aqueles que não possuem as providências mínimas para a subsistência. Não é muito, é só caridade.

Só um pouquinho de franqueza, Deus lhe pede, para que você conviva com seus semelhantes. Não é muito, é só verdade.

Só um pouquinho de renúncia, Deus lhe pede, para seu próprio bem. Não é muito, é só responsabilidade.

Só um pouquinho de calma, Deus lhe pede, nas conquistas terrenas e no convívio em um ambiente hostil. Não é muito, é só paciência. E assim você conseguirá perceber que sua conduta também pode gerar impaciência em alguém.

Só um pouquinho...

Sempre que estiver a ponto de exigir de Deus mais um pouquinho, analise, sob os olhos da autenticidade e da verdade, se em algum instante você já atendeu a Deus quando Ele lhe pediu o mínimo de boa vontade, para edificar em você as luzes da alegria, do otimismo e da renovação e destruir sua resistência perante o aprendizado evolutivo, através das existências terrenas oferecidas por Ele.

Oferecer o coração

Antes de esperarmos que alguém nos doe um coração repleto de amor, devemos primeiro limpar nosso íntimo, para podermos, assim, oferecer o que temos de mais puro, sem nenhuma restrição, não nos tornando intransigentes conosco e com aqueles que estão ao nosso redor.

O amor considerado frágil servirá de acalento àqueles que não recebem sequer fragmentos de candura. Relembremos o samaritano, que doou seu coração ao abandonado no caminho, prestando seus serviços, mas deixando-o livre para partir e seguir sua estrada.

Não transformemos nosso coração em uma fortaleza carcerária. Deixemos que seja um campo aberto, um caminho livre para chegarmos até Deus, sabendo que Jesus não nos ofertou somente seu coração, mas sua existência de fé, esperança e trabalho constante no bem, pedindo apenas para amarmos uns aos outros, da mesma maneira que Ele nos amou, com a pureza fraternal de um coração digno de ser um verdadeiro filho de Deus.

Pais e filhos

Mantenha-se firme diante da tarefa que Deus lhe confiou, seja ela a da paternidade, da maternidade ou das relações sentimentais, hierarquizadas dentro do ambiente doméstico ou fora dele.

Muitos pais dedicam carinho minuto a minuto aos filhos, medindo-lhes a febre, embalando-os aqui e ali, sonhando com profissões bem-sucedidas, mas a criança transforma-se em homem ou mulher, seguindo um caminho diferente do estabelecido no princípio da vida.

Na relação entre pai e filho, lembre-se de que você é um pai adotivo, cuidando, em regime de tutela, das criações de Deus. Faça sua parte com paciência e com a consciência tranquila de que sua tarefa foi bem realizada, seguindo os planejamentos divinos das existências.

O mundo possui milhares de órfãos necessitando de:

Sua orientação e disciplina;
Seu ombro, aos rostos úmidos pelas lágrimas da fome e do desalento;
Seu gesto de divisão, aos desabrigados, descalços e com frio;
Seu minuto de atenção, em brincadeiras de infância, aos abandonados e entristecidos;
Seu encaminhamento, aos que gritam em agonia e desespero em crime ou marginalidade;
Seu carinho, aos que estão sozinhos nos asilos ou nas casas hospitalares;
Seu amor, aos que calam na garganta a revolta pela própria vida.

Não perturbe o coração com preocupações incessantes. Busque no recurso da prece a sustentação; no exemplo, a corrigenda silenciosa; e, nos caminhos trilhados por cada um, a consolação e a coragem emanadas pelo coração de Jesus.

Aborto

Os espíritos encarnados estão sempre discutindo sobre os diversos tormentos e as diversas chagas das quais, hoje, a Terra é vítima.

Falam da fome, do frio, do abandono, dos crimes, da violência, da marginalidade, das guerras e da problemática social, mas esquecem-se de um tipo de crime igualmente praticado e defendido na Terra: o aborto.

Mulher, você é uma escolhida do Altíssimo. Contenha o sexo, abdicando agora e ganhando ali adiante.

O ventre é o meio de transporte do espírito para seu retorno à Terra. Devemos nos lembrar de que, outrora, precisamos desse meio e fomos recebidos com amor, carinho e paciência.

Mulher, se seu companheiro lhe impuser condições, até mesmo de abandono, ele pode, muitas vezes, estar sendo utilizado como instrumento do plano das trevas, para que você, sem pensar, saque brutalmente de seu ventre uma criação de Deus, que merece o respeito de todos.

Se você não está em condições financeiras de manter a criança que carrega, persevere ante a influência inferior das esferas espirituais e carnais. O pão surgirá à mesa e um coração amigo poderá acolhê-la como esposa e como pai de coração de seu filho.

Se você não for aceita nos círculos de amizade terrena, isso talvez aconteça porque você não pertence a um grupo no qual insiste em permanecer. Falanges benditas lhe receberão felizes por ter persistido em manter a vida recebida, sem ferir Deus ou sem ferir-se.

Pai, seja qual for a sua posição social, oriente sua filha ou seu filho. Se a "pequena" o envergonhou, acolha-a com carinho, ensinando-lhe as responsabilidades, sem imposições de martírios.

Médicos, lírios de Deus, não façam de suas mãos, que são as ferramentas da espiritualidade presentes na Terra, uma arma para a prática assassina do aborto. Muitos aguardam de vocês a cura das chagas. Não contribua para o desespero daqueles que foram rejeitados. Cada espírito interrompido de ver a luz do sol é uma mácula que será carregada por séculos e séculos em suas existências.

Defensores dos direitos da vida, o Cristo chama-os à razão. O aborto é defendido como lema de liberdade, em que cada um tem direitos sobre a vida. Antes de falarmos em direitos, devemos honrar nossas obrigações perante Deus e nos lembrar de que o nascimento é o passaporte para a vida, trazendo consigo os ensinamentos milenares, que dizem que "[...] aquele que não nascer de novo, não pode ver o reino de Deus"[5].

---

5 - Jo 3:3.

Recado para as mães

Espírito eterno que se acomoda em um corpo feminino, seja o exemplo de caridade, renúncia, amparo, carinho e compreensão.

Abra as portas de seu coração e acolha os filhos de ontem, seja no ventre que dá vida em luz ou no coração que dá luz em vida.

Encaminhe seus filhos aos braços paternais de Deus. Utilize a oração, rogando por equilíbrio e discernimento, para que eles vençam as experiências difíceis da própria vida, mesmo que estejam, temporariamente, distantes de seu coração.

Ensine a educação celeste ditada por Jesus, abrandando as criaturas amadas com carinho, mesmo que em muitas ocasiões receba espinhos em vez de flores.

Ofereça a vida materna, mesmo quando não encontrar no recinto próximo uma atitude a seu favor. E, se porventura, a amargura e a tristeza invadirem-lhe a alma, busque o reconforto nos braços celestes que trarão luz a seu coração.

Sinta com dignidade as dores de seus amados sem tomá-las para si. E, quando a dor for muito forte, lembre-se de Maria de Nazaré, que sentiu o sofrimento de seu filho Jesus junto ao silêncio da cruz.

Trabalhe com ternura e mansidão, mesmo que o seu trabalho não seja reconhecido. A tarefa foi designada por Jesus para que você instrua, para o caminho do bem, seus tutelados sem o sentimento de posse.

Encontre sua felicidade no rosto e no coração de seus filhos, sem estagnação e sem esperar agradecimentos, lembrando-se de que cada um, no processo evolutivo na Terra, poderá seguir caminhos que os conduzam para outros braços e outros corações. Caberá a você aceitar resignada as leis reencarnacionistas que regem todas as criaturas.

Siga servindo com dedicação. Ame sem apego. Instrua e conduza com compaixão e candura os filhos de Deus às escolas da consciência. Resista às sombras do mundo e encontre no Divino Amigo a misericórdia de sua luz, sustentando sua existência no amor e na coragem.

Mulher

Mulher:
Seja na Terra a luz que orienta o caminho daqueles que, junto ou longe de seu coração, estão;
Seja a semente lançada à terra não tratada e faça nascer a árvore do encanto;
Seja as contas do brilho puro e faça o brilho nutrir com o calor do amor aqueles a quem seu ventre ou coração mostrarem o brilho do Sol;
Seja humilde e abandone as teias terrenas da vaidade funesta, das paixões menores e da beleza fútil;
Renuncie às vaidades terrenas e faça de seu cadinho, mesmo que simples, uma morada do Pai;
Quando triste, relembre que possui em si a reserva íntima de amor e de esperança;
Quando em desespero e solidão, abrace a espiritualidade e busque na caridade o alento;

Quando mãe, agradeça a Deus a certeza de ser possuidora da chave da vida e não do cárcere da alma;
Sorria descontraída, sem medo de marcar a face, mesmo quando seu coração chorar;
Abra seu mundo em bênçãos luminosas e acredite no valor atribuído por Deus;
Não perca tempo em rodas de maledicências. Busque os círculos da sabedoria e as instruções dos céus;
Respeite a si mesma, para que todos a respeitem;
Mantenha a segurança e a serenidade no lar. Suporte dignamente as provas diárias, pois Jesus no lar é Deus no coração;
Sustente com paciência, em bases de amor racional e de esperança regenerativa, o companheiro que lhe transforma a encarnação em um vale de lágrimas;
Não seja a muleta daqueles que são seus vínculos de amor. Exemplifique, por meio de seus atos, o poder da reforma íntima e da fé raciocinada em Jesus;
Reforme-se a cada dia, lembrando-se de que a essência divina está em saber que um dia é diferente do outro, pois o mesmo acontece com o espírito em evolução;
Aprenda e ensine a cada instante, pois sempre é hora de recomeçar;

Guarde-se em sua condição de mulher, sem querer abandonar o que Jesus lhe reservou como espírito encarnado e não se esquecendo de que a fronteira é estabelecida para cada um, mas que essa fronteira para Deus é inexistente.

Fazendo frio

Enquanto você se cobre com lã, outros gritam de frio.
Enquanto seu estômago está acolhido ao aconchego do alimento, outros mil choram de fome.
Enquanto seus pés estão submetidos ao conforto dos sapatos, outros caminham descalços pelas mesmas estradas que seus pés percorrem.
Enquanto sua cabeça busca um ombro acolhedor, outros choram em desespero, como:
A mulher sem leite com o filho nos braços, vendo faltar-lhe o sopro sublime da vida;
O homem que, em busca das providências diárias, está preso aos vícios do álcool e dos tóxicos;
Os meninos desprovidos do leito materno, que caminham pelas vias públicas suplicando um gesto seu.

Lembre-se do Cristo, que veio há milênios sob o mesmo frio sentido, sob a mesma desventura e que, conseguindo permanecer firme, confiante e operante em nome do Pai Altíssimo, nos deixou as dádivas da vida eterna, da fé e da caridade.

Se você sente a frieza daquele que ama, aguarde sem reclamar. Maior é o frio sentido por tantos irmãos anônimos na Terra.

Se você sente a insegurança prevalecer, trabalhe, pois muitos necessitam de seus serviços.

Se você sente voar de seu coração o amor, pare e olhe o porvir, buscando a força na suprema sabedoria de Deus, pacientemente, aprendendo a dividir.

Deus tudo vê, tudo sente e tudo renova, desde que você permaneça no sustentáculo eterno da paz operante, da perseverança renovadora e da caridade amorosa em nome do Reino Divino de luzes planejado por Deus.

Orquestra celeste

Não permita que os tesouros de seus sentimentos enferrujem, pois eles são os instrumentos da vida. Portanto, transforme sempre:
O remorso em estudo esclarecedor;
A revolta em paciência verdadeira;
A reclamação em silêncio de oração;
O rancor em perdão dos céus;
O ódio em amor fraternal;
O egoísmo em liberdade responsável;
O abandono em gratidão do coração;
A maldade em bondade eterna;
A insegurança em firmeza consciente;
A inveja em construção no bem;
O desânimo em trabalho constante;
A lamentação em força para continuar;
A descrença no prosseguimento com fé e renúncia;
Você em filho de Deus.

Muitas doutrinas terrenas pregam a renovação para que todos os espíritos possam um dia ver Deus.

Comece já, com os recursos que possui, a maravilhosa empreitada de aprendiz, que busca os horizontes eternos da verdade do Pai, não deixando que as sombras enferrujadas do passado sejam obstáculos para o sucesso da construção do mundo do porvir.

Jesus transformou as palavras de Deus em ações redivivas, para que, no movimento da vida, cada criatura possa compor um cântico harmonioso de renovação, seguindo as lições milenares, pois, somente por meio da perseverança operante, poderá chegar um dia à presença de Deus sem perturbações, amando o trabalho nas luzes dos céus, o empenho e o sacrifício sincero e desprendido, junto à orquestra do Divino Amigo, que continua sendo sempre o maestro das existências.

Crítica e o crítico

Não observe a crítica como:
Dúvida ou indagação enfermiça. Ela é o receituário para a cura das doenças esquecidas; Conversa inútil. Ela é salutar, para que você se lembre de silenciar; Crueldade invejosa. Ela reajusta as almas na fé operante em Deus; Maledicência deteriorada. Ela é o analgésico para sua própria edificação e para a sustentação do bem; Calúnia corrosiva. Ela é a cura para o desânimo, fazendo com que você busque o pão invisível da bondade de Deus na oração; Pessimismo tóxico. Ela é o alimento revigorante, que assegura que há muito a aprender para que você possa servir da melhor maneira possível.
Não julgue o crítico como:

Egoísta inseguro. Ele é uma criatura que busca Jesus tanto quanto você;

Professor austero. Ele é o ensino e você é o aluno indisciplinado, que constantemente repete os erros básicos;

Curioso sem critério. Ele é a ajuda para que você faça sempre o melhor;

Mestre absoluto. Ele é também um aprendiz, que está aproveitando a oportunidade para praticar as lições teóricas do culto evangélico. E você é o banco escolar na prática da vida;

Ave cega, que não reconhece o próprio ninho. Ele também busca a claridade e a iluminação da mente no trânsito da vida, e você proporciona-lhe a visão de seu próprio universo íntimo;

Companheiro problemático. Ele é a sementeira no caminho tortuoso, que transcorre só para ensinar-lhe a suportar a solidão.

Diante da crítica e do crítico, ressalte sempre as linhas dos ensinamentos deixados por Jesus.

Silencie, aguarde, ore e perdoe com o esquecimento do coração. O Celeste Amigo não esteve livre do açoite, da crítica e da cruz, e mesmo assim perdoou, ensinou e esperou que reconsiderássemos o nosso erro e engano.

Liberte o coração, destruindo a barreira da mágoa criada em torno do espírito, deixando sempre a luz da felicidade brilhar em você, sem esmorecer ou criar empecilhos para praticar a máxima de Jesus, que é: "Amai-vos cordialmente uns aos outros [...]"[6].

---

6 - Rm 12:10.

Ocultar

Não há nada oculto no coração do homem que Deus não possa conhecer.

Não adianta demonstrar doçura, quando seu coração é um reservatório de lodo e ódio.

Não adianta sorrir, quando seu coração está ulcerado pela cólera.

Não adianta demonstrar gratidão, quando seu coração mancha o olhar de egoísmo.

Não adianta querer a renovação, se nada tem feito no campo da atitude para transformar-se.

Você é, sem dúvida, um universo lutando incessantemente pela vitória da elevação. Não tente demonstrar a Deus o que ainda não é.

Ele reconhece sempre a verdade e a boa vontade, pedindo apenas um simples gesto de atitude para que Ele possa residir em seu coração.

Esforce-se para que as palavras reflitam, como um espelho, seu interior, trabalhando arduamente para alcançar o autocontrole. Nunca se esqueça de que Deus é piedoso e que já é hora de entender a lição de amor de Jesus, quando, na noite escura e sem esperanças, o brilho das estrelas enfeitarem as telas íntimas do coração com bondade, perdão, compreensão e silêncio de oração. Somente assim, você poderá dizer: "Venha a nós o vosso reino..." e ao certo Deus entrará.

Você e nós

Na empreitada terrena, difícil é manter o equilíbrio, a boa vontade e a cura própria.

Muitos companheiros encarnados acreditam que nós, os espíritos, os olhamos como meros espectadores de um grande tumulto ou de uma guerra fria distante.

Somos aqueles que antecederam vocês na Terra, que experimentaram as mesmas provas árduas que hoje muitos enfrentam.

Qual será a diferença entre nós?

Nenhuma, pois todos nós seguimos a mesma estrada para Deus, seja no experimento da doença física, na perda de alguém querido, na solidão do coração ou na angústia ulcerante.

Ao unirmo-nos a Jesus, encontramos sua bondade, sabedoria e justiça para seguirmos adiante. Todos nós, sem exceção, estamos na luta infinita para convivermos melhor com os outros e com nós mesmos, na certeza de crescermos em sentido aos céus.

Trocadilhos de amor

Perdoe, mesmo que inicie com pequenas desculpas. Esqueça e perdoe.
Ame, mesmo que seja com apego inicial. Transforme e ame.
Viva, mesmo que esteja inseguro ou amargurado. Firme-se e viva.
Corrija, exemplificando.
Siga, mesmo vacilante, as pegadas de Deus, pois com elas será um fiel seguidor da esperança.
Somente em trocadilhos de amor, encontrará a paz esperada, o amor bem sentido e o caminho certo rumo a Deus.

Almas necessitadas

Não caminhe:
Com medo da vida;
Sem esperanças;
Sem fé;
Sem amor;
Sem trabalho;
Sem perseverança;
Sem paciência;
Sem tolerância.

Jamais sem Jesus, pois, diante das experiências, o Senhor confortará sua alma para sempre.

Jamais sem Jesus, pois o Senhor é o alimento da verdade, a luz da renovação, a chama da paz e o bálsamo de misericórdia para as almas necessitadas na trajetória do mundo.

Mensagem de natal

Senhor, procurei-o por muito e muito tempo em:
Palácios de ouro e pedra;
Tabernáculos de sorrisos e felicidades fáceis;
Reinados de vinho e despotismos;
Mestres de filosofias e ciências progressistas;
Templos de altares e imagens;
Disputas de conquistas entre tropeços e culpas;
Divisão de classes entre supérfluo e penúria;
Esbanjamentos, enquanto outros choravam privações;
Fanatismos em nome de Deus, entre pieguice e indolência;
Atitudes injustas, entre severidade e intolerância;

Fraquezas e inaptidões, entre esmorecimento e abandono;
Desequilíbrios e perversões, entre expressões repulsivas e infelizes;
Impérios violentos, entre mandantes exclusivos e proprietários absolutos do ódio;
Vantagens efêmeras, que facilitam o caminho dos homens com patrimônios transitórios;
Manifestações de desvarios, entre insanidades e vacilações.
Já com o espírito entristecido e cansado de tantas buscas sem sucesso, eis que, numa noite, seguindo a estrela de luz no céu, me deparei com a singela estrebaria. E, com os olhos vertendo lágrimas e o coração renovado de esperanças, enfim o encontrei em:
Uma manjedoura simples, entre animais e emissários celestes;
Realeza, sem palácio ou coroa, somente entre luzes e bênçãos;
Humildade no trato, com todo o esplendor dos céus;
Ternura e simpatia, entre planos eternos de fraternidade;
Bondade e meiguice, entre força e poder;
Compaixão com todos, para estabelecer a paz e cumprir a lei;
Estímulo ao bem, entre reconforto e aconchego para os corações sofredores;

Compreensão aos nossos erros, entre paciência e auxílio;
Coragem para estabelecer em nós o Reino da verdade de Deus, fonte inesgotável de amor.

Mestre amado, comecei a entender naquele instante que basta somente boa vontade e perseverança para compreender sua passagem pelo mundo. Seguindo seus passos, agindo, auxiliando, aprendendo, ensinando, curando e renunciando, poderei realmente mostrar o supremo valor da plenitude do amor que o Senhor trouxe à humanidade inteira em império de luz.

Sem querer mais perdê-lo, recordo sua lição: "Permanecei em mim, como eu em vós [...]"[7].

---
7 - Jo 15:4.

Minhas reflexões

O evangelho no lar

Porque, onde estiverem dois ou três reunidos em meu nome, aí estou eu no meio deles.

(Mt 18:20)

A prática e o estudo contínuos do Evangelho no lar têm a finalidade de:

Unir as criaturas, proporcionando-lhes uma convivência de paz e tranquilidade;

Higienizar o lar com pensamentos e sentimentos elevados, permitindo e facilitando o auxílio dos mensageiros do bem;

Proporcionar no lar e fora dele o fortalecimento necessário para o enfrentamento das dificuldades materiais e espirituais, mantendo ativos os princípios da oração e vigilância;

Elevar o padrão vibratório dos familiares, a fim de que possam contribuir para a construção de um mundo melhor.

Sugestões

Escolha uma hora e um dia da semana em que seja possível contar com a presença de todos os membros da família, ou daqueles que desejarem participar do Evangelho. A observação cuidadosa da hora e do dia estabelece um compromisso de pontualidade com a espiritualidade, garantindo, assim, a assistência espiritual.

A duração da reunião pode ser de trinta minutos, aproximadamente ou mais, dependendo de cada família.

Não suspenda a prática do Evangelho em função de visitas, passeios adiáveis ou acontecimentos fúteis.

Providencie uma jarra com água para fluidificação, para que seja servida no fim da reunião.

Roteiro

Prece inicial
Faça um pai-nosso ou uma prece simples e espontânea, valorizando os sentimentos e não as palavras e solicitando a direção divina para a reunião.

Leitura
Realize a leitura em sequência de um trecho de *O Evangelho Segundo o Espiritismo* de Allan Kardec, começando na primeira página, incluindo prefácio, introdução e notas.

Comentários
Sejam feitos de forma breve, visando esclarecer e facilitar a compreensão dos ensinamentos e sua aplicação na vida diária.

Vibrações

Fazer vibrações é emitir sentimentos e pensamentos de amor, paz e harmonia, obedecendo ao citado roteiro básico e acrescentando as vibrações particulares de acordo com as necessidades.

Em tranquila serenidade e confiantes no Divino Amigo Jesus, vibremos: pela paz na Terra, pelos dirigentes de todos os países, pelo nosso Brasil, pelos nossos governantes, pelos doentes do corpo e da alma, pelos presidiários, pelas crianças, pelos idosos, pela juventude, por aqueles que se encontram em provas dolorosas, pela expansão do Evangelho, pela confraternização entre as religiões, pelo nosso local e pelos nossos companheiros de trabalho, pelos nossos vizinhos, pelos nossos amigos e inimigos, pelo nosso lar, pelos nossos familiares e por nós mesmos. Graças a Deus.

Prece final

Faça um pai-nosso ou uma prece espontânea de agradecimento, solicitando a fluidificação da água e convidando os amigos espirituais para a reunião da próxima semana.

Grandes sucessos de
Zibia Gasparetto

Com 17 milhões de títulos vendidos, a autora tem contribuído para o fortalecimento da literatura espiritualista no mercado editorial e para a popularização da espiritualidade. Conheça os sucessos da escritora.

Romances
pelo espírito Lucius

A verdade de cada um
A vida sabe o que faz
Ela confiou na vida
Entre o amor e a guerra
Esmeralda
Espinhos do tempo
Laços eternos
Nada é por acaso
Ninguém é de ninguém
O advogado de Deus
O amanhã a Deus pertence
O amor venceu
O encontro inesperado
O fio do destino
O poder da escolha

O matuto
O morro das ilusões
Onde está Teresa?
Pelas portas do coração
Quando a vida escolhe
Quando chega a hora
Quando é preciso voltar
Se abrindo pra vida
Sem medo de viver
Só o amor consegue
Somos todos inocentes
Tudo tem seu preço
Tudo valeu a pena
Um amor de verdade
Vencendo o passado

Crônicas

A hora é agora!
Bate-papo com o Além
Contos do dia a dia
Pare de sofrer

Pedaços do cotidiano
O mundo em que eu vivo
O repórter do outro mundo
Voltas que a vida dá

Coleção – Zibia Gasparetto no teatro

Esmeralda
Laços eternos
Ninguém é de ninguém

O advogado de Deus
O amor venceu
O matuto

Outras categorias

Conversando Contigo!
Eles continuam entre nós – vol. 1
Eles continuam entre nós – vol. 2
Momentos de inspiração
Pensamentos – vol. 1
Pensamentos – vol. 2

Recados de Zibia Gasparetto
Eu comigo!
Reflexões diárias
Você sempre ganha!

Romances
Editora Vida & Consciência

Amadeu Ribeiro

A visita da verdade
Juntos na eternidade
O amor não tem limites
O amor nunca diz adeus

Reencontros
Segredos que a vida oculta vol.1
A beleza e seus mistérios vol.2

Ana Cristina Vargas
pelos espíritos Layla e José Antônio

A morte é uma farsa
Em busca de uma nova vida
Em tempos de liberdade
Encontrando a paz
Intensa como o mar

O bispo
O quarto crescente
Sinfonia da alma
Loucuras da alma

André Ariel

Surpresas da vida
Em um mar de emoções
Eu sou assim

Carlos Henrique de Oliveira

Ninguém foge da vida
Tudo é possível

Carlos Torres
A mão amiga
Querido Joseph (pelo espírito Jon)

Eduardo França
A escolha
A força do perdão
Enfim, a felicidade
Vestindo a verdade
Vidas entrelaçadas

Evaldo Ribeiro
Eu creio em mim
O amor abre todas as portas

Flávio Lopes
A vida em duas cores
Uma outra história de amor

Floriano Serra
A outra face
A grande mudança
Nunca é tarde
O mistério do reencontro

Gilvanize Balbino
pelos espíritos Ferdinando e Bernard
O símbolo da vida

Leonardo Rásica
Celeste - no caminho da verdade

Lucimara Gallicia
pelo espírito Moacyr

O que faço de mim?
Sem medo do amanhã

Lúcio Morigi

O cientista de hoje

Marcelo Cezar
pelo espírito Marco Aurélio

A última chance
A vida sempre vence
Coragem para viver
Ela só queria casar...
Medo de amar
Nada é como parece
Nunca estamos sós
O amor é para os fortes
O preço da paz

O próximo passo
O que importa é o amor
Para sempre comigo
Só Deus sabe
Treze almas
Tudo tem um porquê
Um sopro de ternura
Você faz o amanhã

Maura de Albanesi
pelo espírito Joseph

O guardião do Sétimo Portal

Meire Campezzi Marques
pelo espírito Thomas

A felicidade é uma escolha

Mônica de Castro
pelo espírito Leonel

A força do destino
A atriz
Apesar de tudo...
Até que a vida os separe
Com o amor não se brinca
De frente com a verdade
De todo o meu ser
Desejo – Até onde ele pode te levar? *(pelos espíritos Daniela e Leonel)*
Gêmeas
Giselle – A amante do inquisidor
Greta
Impulsos do coração
Jurema das matas
Lembranças que o vento traz
O preço de ser diferente
Segredos da alma
Sentindo na própria pele
Só por amor
Uma história de ontem
Virando o jogo

Rose Elizabeth Mello

Desafiando o destino
Verdadeiros Laços
Os amores de uma vida

Sérgio Chimatti
pelo espírito Anele

Apesar de parecer... Ele não está só
Lado a lado
Ecos do passado
Os protegidos

Conheça mais sobre espiritualidade com outros sucessos.

 vidaeconsciencia.com.br   /vidaeconsciencia  @vidaeconsciencia

Eu comigo!

ZIBIA GASPARETTO

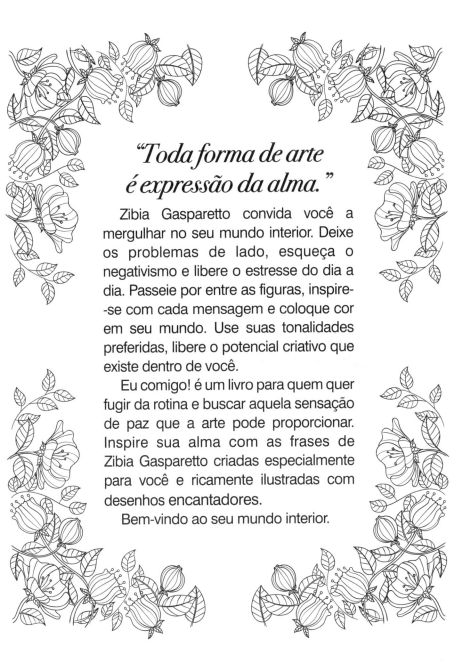

"Toda forma de arte é expressão da alma."

Zibia Gasparetto convida você a mergulhar no seu mundo interior. Deixe os problemas de lado, esqueça o negativismo e libere o estresse do dia a dia. Passeie por entre as figuras, inspire-se com cada mensagem e coloque cor em seu mundo. Use suas tonalidades preferidas, libere o potencial criativo que existe dentro de você.

Eu comigo! é um livro para quem quer fugir da rotina e buscar aquela sensação de paz que a arte pode proporcionar. Inspire sua alma com as frases de Zibia Gasparetto criadas especialmente para você e ricamente ilustradas com desenhos encantadores.

Bem-vindo ao seu mundo interior.

Este livro está disponível nas livrarias e em nossa loja:
www.vidaeconsciencia.com.br

Rua Agostinho Gomes, 2.312 — SP
55 11 3577-3200

contato@vidaeconsciencia.com.br
www.vidaeconsciencia.com.br